AUX
CHAMBRES DE COMMERCE

ET AUX
COMICES AGRICOLES DE FRANCE

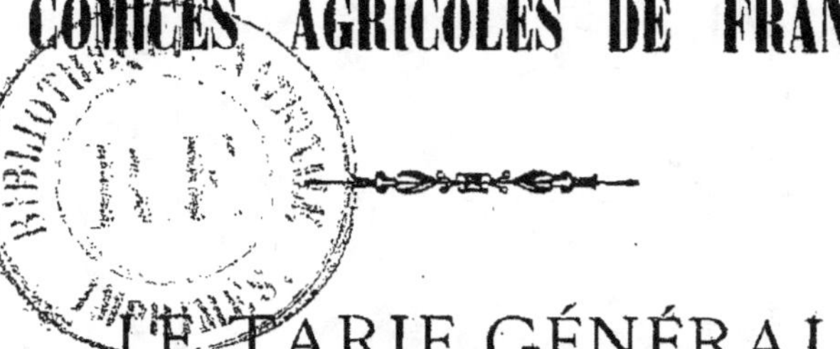

LE TARIF GÉNÉRAL

ET

LE TRAITÉ DE COMMERCE

AVEC

LES ÉTATS-UNIS

PARIS
COMPAGNIE GÉNÉRALE D'IMPRIMERIE
18 et 19, Passage de l'Opéra. — Succursale : 194, rue Lafayette.
L. DE LA SAIGNE, *Administrateur-Directeur*.

—

1883

LE TARIF GÉNÉRAL ET LE TRAITÉ DE COMMERCE

AVEC LES ÉTATS-UNIS

Paris, 5 avril 1883.

Monsieur B. de Grilleau, Directeur-Gérant du *Journal des Chambres de Commerce*

Monsieur,

Je vous remercie de l'offre que vous avez bien voulu me faire de m'ouvrir les colonnes de votre journal pour y discuter l'opportunité d'un traité de commerce entre la France et les Etats-Unis.

Cette question se rattachant d'après moi à une autre beaucoup plus sérieuse, qui est la crise commerciale française, me forcera de me développer et de la traiter longuement.

D'un autre côté, je n'aborderai que les tissus de laine en général et la draperie en particulier. Pour cela je diviserai mon travail en trois parties qui paraîtront sous les titres suivants :

I. — Le tarif général et le traité de commerce avec les Etats-Unis.

II. — Nécessité d'apporter certaines améliorations dans l'organisation de nos fabriques.

III. — Influence de la production sur les grèves. — Conséquences des grèves. — Conclusion.

En traitant cette question avec impartialité et en démontrant avec preuves à l'appui, les points faibles de notre fabrication, je rendrai, je crois, service au commerce des tissus de laine en général et de la draperie en particulier ; laissant aux personnes autorisées des autres industries le soin d'indiquer les améliorations que pourrait réclamer la fabrication de leurs articles.

Recevez, Monsieur, l'assurance de ma parfaite considération.

GEO. MESMIN.

Monsieur le Rédacteur,

Pour obtenir un traité de commerce avec un pays étranger, un gouvernement est obligé de faire le sacrifice d'une ou plusieurs de ses industries, les moins bien montées ou outillées, en faveur de celles du pays avec lequel il veut traiter ; c'est là la base des traités de commerce, c'est-à-dire le sacrifice de quelques intérêts particuliers en faveur de l'intérêt général du pays.

Il appartient donc à tout gouvernement de bien se rendre compte, avant de signer un traité de commerce, s'il a obtenu, en faveur de certaines industries, au moins l'équivalent des sacrifices qu'il a été obligé de faire aux dépens de certaines autres. Aussi est-il extraordinaire, lorsqu'il agit en dehors de tout traité de commerce, qu'un gouvernement fasse ce que nous faisons actuellement, c'est-à-dire ouvre ses portes bénévolement aux produits étrangers, sans compensation aucune de leur part. Si la majorité des Français approuve cette manière de comprendre les affaires, il faut désespérer positivement de voir jamais la France sortir de la crise commerciale présente qui tuera son industrie.

Voici le tableau des principaux articles importés par la France, des États-Unis, avec les droits dont ils sont frappés :

Coton brut.............................	
Saindoux..............................	
Quercitron............................	
Douvelles.............................	
Fanons de baleines	
Onglons de bœufs.....................	
Maïs	
Bois, érable, noyer, cèdre.............	
Suif..................................	
Grains de trèfle......................	EXEMPTS DE DROIT
Peaux de chèvres.....................	
Ecailles de tortue....................	
Potasse..............................	
Caoutchouc brut ou refondu........	
Peaux sèches brutes	
— — salées..................	
Ecorces pour tan	
Coquillages bruts	
Graines de millet....................	
Cuivre en lingots	

	Droits de douane
Blé.............................. Fr.	» 60 les 100 kilos
Viandes de porc......................	4 50 —
Pétrole brut.,......................	18 » —
— raffiné......................	25 » —
Pommes sèches...................	6 » —
Machines agricoles (moteur non compris).	5 » —
Machines à coudre................	6 » —
Horlogerie pour ameublement.........	25 » —
Outils en fer et acier...............	15 » —
Huile de baleine..................	6 » —
Beurre salé	15 » —
Fromage sec....................	8 » —
Conserves de viandes de bœuf.........	8 » —
Conserves de poisson (lobster)........	10 » —
Lingots d'argent brut..............	1 » —
Tabac (régie), prohibé aux particuliers	

On voit par ce tableau, de quelle générosité nous faisons preuve vis-à-vis des États-Unis, alors qu'ils frappent tous nos produits de droits exorbitants !

Il ne faut pas être entièrement versé dans les questions commerciales, pour voir qu'avec notre tarif général actuel, nous jouons le rôle de dupes vis-à-vis des États-Unis. Nous nous en sommes si bien aperçus que nos agriculteurs ont pour ainsi dire obligé M. Tirard, alors Ministre du Commerce, non-seulement à augmenter les droits de 4 fr. 50 les 100 kil. sur la viande de porc, mais encore à prohiber cet article entièrement, sous le prétexte de « trichine. » J'ajouterai que personne n'a cru et ne croit que cette mesure a été prise à cause de la trichine, mais bien pour soutenir notre agriculture et faire rester en France les quarante millions de fr. que le port du Havre à lui seul importait de cet article et qui s'en allaient annuellement remplir les poches des marchands de Chicago.

Malgré cette mesure radicale de la part de M. Tirard, il n'y a pas eu pénurie de viande de porc en France, et aucun consommateur, ouvrier ou paysan, n'a protesté contre cette mesure.

Ceci une fois bien établi, je désirerais que le Gouvernement agit de même pour tous les articles nous venant des États-Unis.

Plusieurs personnes m'ont déjà fait observer que si

nous mettions des droits prohibitifs sur ces articles, ils nous enverraient leurs produits par l'entremise des pays avec lesquels nous avons des traités de commerce. A cela j'ai répondu et je réponds encore : c'est impossible.

1° Parce que ces produits sont très reconnaissables et ne permettent que très-difficilement, à cause de leur nature, le transbordement dans un port étranger du continent et le transport par chemin de fer.

2° Parce que ne rentrant chez nous en majeure partie que par les ports du Havre, Bordeaux et Marseille. il devient facile à la douane d'exercer une surveillance sérieuse et de confisquer ceux que l'on essaierait de faire entrer en fraude.

En admettant que nous élevions nos droits au point de prohiber ces articles (chose qui pour moi ne serait et ne devrait être que momentanée) nous n'amènerions pas pour cela la famine en France, ni la perturbation dans nos affaires ; car, il nous resterait au besoin la ressource de nous entendre avec la Russie et de favoriser l'entrée de ses produits, lesquels, à l exception du coton, sont à peu près les mêmes que ceux que nous importons des États-Unis.

En admettant que nos fabriques ne puissent se procurer suffisamment de coton brut en dehors des Etats-Unis. nous en serions quittes pour faire une exception en sa faveur.

Après avoir démontré, comme je l'espère, que nous ne sommes pas obligés d'acheter les produits américains quand même ; voyons un peu si l'Américain n'est pas obligé de nous les vendre quand même ! Je connais les Etats-Unis pour les avoir parcourus dans tous les sens et suis à même d'affirmer qu'ils ne peuvent pas se passer des Français comme consommateurs, surtout si l'Allemagne, comme cela est probable, suivait notre exemple en lui fermant également ses portes.

Admettons, pour un instant, que cela devienne une réalité. Que voulez-vous que les Etats-Unis fassent de leurs blé, maïs, pétrole, saindoux, viande de porc, coton, argent, cuivre, etc., etc... Si nous ne leur achetons plus rien, du moment qu'ils en ont de trop pour leur propre consommation ? S'il en était ainsi, ils seraient obligés de renoncer à la culture parce qu'ayant des débouchés en moins, les prix de vente ne seraient plus assez rémunérateurs pour payer la main d'œuvre qui est très élevée chez eux. Dans ce cas vous verriez, soyez-en persuadés, tout l'Ouest, le Sud et la Californie des États-Unis se soulever contre l'Est et la Pensylvanie et obliger les fabricants de ces provinces, qui naturellement, sont la cause des droits prohibitifs qui frappent nos articles, à conclure de suite un traité de commerce avec la France, de manière à se faire ouvrir à nouveau les portes de notre marché, car pour eux le besoin d'exporter leurs produits agricoles et matières première est beaucoup plus impérieux que chez nous le besoin d'exporter nos produits fabriqués, et cela à cause de leur grande population et de la nature même de leurs produits. Les débouchés sont pour eux une question de vie ou de mort qui n'est pas discutable pour quiconque connaît leur pays

L'américain nous *bluff* depuis quinze ans en affaires, c'est-à-dire spécule sur notre peu de connaissance de son pays ; car ayant un besoin absolu d'écouler ses produits, il nous fait croire que nous ne pouvons pas nous en passer, quand bien même nous le voudrions ; que lui, peut au contraire se passer des nôtres, et par conséquent mettre à sa guise des droits qui en prohibent l'entrée chez lui, de manière à protéger sa propre industrie, la faire se développer, et plus tard, venir chez nous, nous écraser avec ses produits.

Réussir comme l'a fait depuis quinze ans l'Amérique à créer une industrie supérieure à la nôtre, dans certains articles, tels que l'horlogerie, les cotons fabriqués, les armes, les machines à coudre, etc..., développer son agriculture, s'enrichir aux dépens de l'Europe, c'est un résultat dont l'Europe en général et la France en particulier, ont été les complices inconscients.

Si après la guerre de sécession, lorsque les États-Unis ont mis sur les produits étrangers les droits prohibitifs

actuels, l'Europe leur avait répondu par des droits sem-
blables sur leurs produits, les Etats-Unis n'auraient pas
pu continuer et par conséquent créer et établir leur industrie actuelle qui fait l'admiration de ceux qui la con-
naissent.

Aujourd'hui il est trop tard pour l'arrêter ; mais nous
avons encore la possibilité de l'enrayer et de retarder son
complet développement, en les forçant à abaisser immédiatement leurs droits dans une grande proportion. Si
nous laissons passer ce moment psychologique de fermer
notre marché à leurs produits agricoles et matières premières, d'ici quinze ans, extrême limite, non-seulement
nous ne leur expédierons plus que pour quelques malheu-
reux millions d'articles fabriqués, à titre d'échantil-
lons (1), qu'ils copieraient immédiatement, mais encore
nous serons obligés de leur fermer nos portes tout à fait
car ce sont eux qui viendront nous demander un traité de
commerce et c'est nous qui le leur refuserons, dans la
crainte d'être encombrés de leurs produits fabriqués,
comme aujourd'hui, nous le sommes, avec leurs produits
agricoles et matières premières. Nous les verrons alors
se retourner vers le monde entier, avec leur activité dé-
vorante pour placer leurs produits fabriqués partout ou
il y aura acheteurs, faire une concurrence heureuse
même à l'Angleterre, et prendre la place de nos produits
à cause du bon marché des leurs. Car une fois qu'ils
touchent un article, ils le simplifient d'nne manière si
ingénieuse, au moyen de leurs machines, qu'ils par-
viennent à supprimer presque complètement la main-
d'œuvre qui est actuellement le point délicat pour eux, et
les empêche momentanément de nous faire concurrence
à l'étranger.

Voilà ce qu'un français qui a appris les affaires aux

---

(1) Nos fabricants restant toujours les maîtres incontestés
de la mode et du bon goût, qui ont fait jusqu'à présent leur
force et sur lesquels ils ont peut-être trop compté en ne s'atta-
chant pas suffisamment aux progrès et à l'amélioration des
moyens de production.

États-Unis, qui connaît bien le caractère américain, qui ne se paye ni de mots ni de sentiments, prédit à notre pays, dans un temps très rapproché, si les Chambres de commerce aidées de la presse commerciale, ne portent pas à la connaissance de Messieurs les Députés et Sénateurs, la situation de notre industrie qui exige le prompt changement de notre tarif général. De cette manière nous pourrons entamer, avec certitude de succès, des négociations avec les États-Unis pour obtenir un traité de commerce avantageux pour notre industrie, traité qui lui ouvrirait un débouché dont elle a le plus grand besoin et arrêterait momentanément la marche effrayante de celle des États-Unis.

Geo. MESMIN.

(Extrait du *Journal des Chambres de Commerce,* 16, Passage de l'Opéra, Paris.)

Paris, 12 avril 1883.

A Messieurs les Membres des Chambres de Commerce et des Comices agricoles de France.

Depuis quelque temps notre industrie et notre agriculture souffrent d'une crise tellement accentuée, que de tous côtés on cherche le moyen pratique d'y remédier.

Je ne saurais trop insister sur la nécessité où nous nous trouvons de prendre, vis-à-vis des produits américains, la mesure que j'indique dans l'article du *Journal des Chambres de Commerce,* reproduit plus haut; c'est à dire la révision de notre tarif général. Cette mesure aurait pour effet immédiat de venir en aide à notre agriculture, qui en a le plus grand besoin, et de nous mettre à même d'étudier et de négocier tout à notre aise, avec les États-Unis, un traité de commerce, ouvrant à notre industrie un large débouché, tout en nous permettant de tenir compte de nos intérêts agricoles qui méritent toute notre attention.

Je crois, Messieurs les Membres des Chambres de Commerce et des Comices agricoles, que vous agiriez avec beaucoup plus de force et d'assurance, si vos délibérations, au lieu d'être limitées à vos sections départementales, se trouvaient centralisées à un moment donné, comme cela se pratique en Amérique, en Angleterre et en Allemagne.

Il suffirait, pour cela, que chaque Chambre de Commerce ou Comice agricole nommât un délégué possédant toute sa confiance. La réunion de ces délégués formerait deux congrès : un pour le commerce et un pour l'agriculture, lesquels siégeraient à Paris tous les trois ou six mois et discuteraient chacun de leur côté les projets que les ministres respectifs se feraient un plaisir et un devoir de leur communiquer.

Les décisions prises dans ces congrès auraient certainement beaucoup plus de poids que celles des conseils supérieurs du commerce et de l'agriculture, qui, étant nommés par les Ministres, ne possèdent pas l'indépendance nécessaire pour formuler des avis quelquefois contraires à ceux des bureaux, lesquels, dans ce cas, restent indéfiniment enfouis dans les cartons. Ce fait ne se produirait certainement pas si l'on donnait une publicité suffisante aux délibérations de ces congrès.

Il est facile de comprendre que la politique étant complètement bannie de ces assemblées, toute l'attention des délégués se trouverait reportée sur les affaires, principalement sur les tarifs douaniers et les traités de Commerce qui intéressent le pays au plus haut degré. Ces questions, lors de leur présentation devant les Chambres, seront alors l'expression exacte des besoins du Commerce, d'un côté, et de ceux de l'Agriculture de l'autre. C'est à ce moment que nos représentants auront à peser les deux décisions et à juger en dernier ressort quelle est la loi à voter pour l'intérêt général de la France.

Le moment actuel est favorable pour vous permettre de revendiquer cette part dans la direction des affaires du pays. Rompez une fois pour toutes avec la malheureuse habitude que nous avons d'attendre que les propositions nous viennent du gouvernement. Allez, au contraire, au devant de lui, proposez-lui cette solution, réunissez-vous, au besoin. en congrès à Paris, pour la discuter. Vous avez actuellement dans MM. Hérisson et Meline deux ministres qui ne veulent que le bien et la grandeur de notre pays, et qui, par conséquent, vous aideront à conquérir cette liberté qui ferait, j'en suis certain, le bonheur et la richesse de la France.

Recevez, Messieurs les Membres des Chambres de Commerce et des Comices agricoles, avec mes souhaits les plus ardents pour la réunion d'un congrès, l'assurance de ma parfaite considération.

GEO. MESMIN,
9, rue Baillif,
PARIS

P. S. — Je remercie à l'avance Messieurs les présidents des Chambres de Commerce et Comices Agricoles qui me feront l'honneur de me communiquer le résumé de leurs délibérations en ce qui concerne ces questions de Tarif général et Traité de commerce avec les États-Unis, ainsi que Messieurs les Rédacteurs qui voudront bien m'envoyer les journaux s'en occupant.

LE JOURNAL DES CHAMBRES DE COMMERCE

A PARIS, Passage de l'Opéra (Galerie du Baromètre, 16)

PRIX D'ABONNEMENT

France : Paris et départements, un an : **20** francs
Étranger : Pays de l'Union postale : **22** fr. — Pays hors l'Union postale : **25** fr

A Monsieur le Gérant du Journal des Chambres de Commerce

Je , soussigné ____

demeurant à ____

déclare m'abonner pour un an au Journal des Chambres dd Commerce (1)

Le ________________

A ____

Signature :

(1) L'administration du Journal fera faire ultérieurement ce
recouvrement à ses frais et par les soins de la poste.

LE JOURNAL
DES CHAMBRES DE COMMERCE
REVUE MENSUELLE

Fondée pour unir les Chambres de Commerce de
toutes nationalités par un échange régulier d'informations
et fournir au public des renseignements de toute nature
sur le commerce français ou international

GUILLAUMIN et Cie, éditeurs

Sommaire du numéro d'Avril :

Le Conseil supérieur du Commerce et son origine, sa reconstitution sur la base de l'élection. — Un Bureau de renseignements commerciaux. — Boîte aux lettres commerciale et consulaire. — Le Tarif général et le Traité de Commerce avec les Etats-Unis. — Le Commerce en France. — Extraits des délibérations des Chambres de commerce de Paris, Bordeaux, Bourges, Dunkerque, le Havre, Lille, Marseille, Nice, Perpignan, Saint-Quentin. — Les Salaisons américaines : protestations collectives des Chambres de Commerce de Paris, Bordeaux, le Havre, Marseille. — Chambres syndicales. — Syndicat des grains et farines. — Le Commerce à l'Étranger et aux Colonies. — Extraits des délibérations des Chambres de commerce d'Allemagne, Angleterre, Autriche, Belgique, Italie, Japon. — Expositions et Concours : Paris, Blois, Lyon, Nice, Troyes, Madrid, Boston, Amsterdam, Palerme, Zurich, Venezuela. — Voies et moyens nouveaux de communication par Chemins de fer, Canaux, Paquebots-poste, Télégraphes et Téléphones. — Tarifs et Traités de Commerce : France, Allemagne, Angleterre, Espagne, Etats-Unis (le nouveau tarif américain), Italie, Russie et Venezuela. — Emigration et colonisation : Allemagne, République Argentine, Canada, Uruguay, Italie, (émigration, colonisation en Abyssinie). — Société de géographie commerciale de Nantes. — Jurisprudence.

On s'abonne à Paris aux BUREAUX DU JOURNAL :
Passage de l'Opéra
16, Galerie du Baromètre, 16

PARIS et DÉPARTEMENTS : **20** francs par an ; pays de l'UNION POSTALE : **22** francs ; pays hors l'UNION POSTALE : **25** francs.

Le numéro : 2 francs